AF310988

CONSIDÉRATIONS

SUR

L'EMPRUNT D'HAÏTI.

ÉVERAT, IMPRIMEUR, RUE DU CADRAN, N° 16.

CONSIDÉRATIONS

SUR

L'EMPRUNT D'HAÏTI,

ADRESSÉES

A M. LE DUC DE LA ROCHEFOUCAULT-LIANCOURT,

PAR M. L.-G. TERNAUX.

Se vend au profit des Grecs,

A PARIS,

CHEZ TOUS LES MARCHANDS DE NOUVEAUTÉS.

1825.

Lettre à M. le Duc de La Rochefoucault Liancourt,

Saint-Ouen, 22 octobre 1825.

Monsieur le Duc,

J'ai reçu les lettres que vous m'avez fait l'honneur de m'a-dresser de Liancourt, les 14 et 21 de ce mois. Je suis fort touché de tout ce que vous voulez bien me dire d'affectueux au sujet du témoignage honorable de confiance que vient de me donner le Gouvernement d'Haïti, sans que je l'eusse en aucune fa-çon sollicité. J'ai communiqué vos lettres aux Commissaires Haïtiens ; ils ont lu avec attendrissement les vœux que vous formez pour la prospérité de leur pays; ils me chargent de vous adresser leurs remerciemens, et de vous dire que la nation Haïtienne fera tous ses efforts pour justifier la bonne opinion que vous en avez conçue, pour marcher dans les voies sages que vous lui tracez, et pour se rendre digne de l'intérêt qu'elle a pu inspirer à un philosophe aussi vertueux et aussi éclairé que vous l'êtes.

Ma position envers le Gouvernement d'Haïti m'interdisant de me mettre moi-même sur les rangs des soumissionnaires de l'Emprunt, je n'ai pu satisfaire directement au desir que vous m'avez manifesté, d'y prendre une part, non à titre de spécu-lation, mais comme placement avantageux de capitaux, comme encouragement donné à une mesure utile, comme témoignage de confiance en son succès. J'ai porté votre demande chez mon digne ami M. Benjamin Delessert, et je dois vous dire que votre opinion n'a pas peu contribué à le déterminer de se mettre lui même à la tête d'une des Compagnies qui se proposent de soumissicnner l'Emprunt. Dans quelque association que l'on voie figurer votre nom, on peut compter qu'il sera honorable d'y mettre aussi le sien.

En commençant à répondre à votre lettre du 14, j'avais eu d'abord l'intention de vous exposer avec quelques développemens ma façon de penser sur l'Emprunt d'Haïti et sur la situation de ce nouvel État ; mais après avoir approfondi un peu le sujet, j'ai vu que je serais entraîné bien au-delà des bornes ordinaires d'une lettre ; et quelques renseignemens qui m'ont été fournis par des amis bien informés, ayant beaucoup grossi mon travail et en ayant changé la forme, j'ai pensé qu'il pourrait être utile de rendre publiques ces considérations, d'abord écrites pour vous seul ; que peut-être elles serviraient à éclairer d'autres personnes que vous sur la confiance que mérite le Gouvernement d'Haïti, et sur la nature des engagemens qu'il va contracter. Je ne vous en adresse pas moins ces considérations, Monsieur le Duc, en vous demandant la permission de les faire paraître sous vos aus- pices. J'espère que vous n'y trouverez aucun sentiment, aucun principe qui ne mérite votre approbation. J'espère aussi qu'aucun des adversaires mêmes de l'émancipation, ne me re- prochera d'avoir cherché le moins du monde à soulever des questions qui tendent à compromettre le système colonial ac- tuel. A Dieu ne plaise que je songe jamais à troubler qui que ce soit dans la possession de ses propriétés et de ses droits ac- quis ! Conserver, et non détruire ; édifier, et non renverser, telle a été la maxime de toute ma vie.

Vous savez, Monsieur le Duc, que, si je suis ami de la liberté, je suis encore plus ami de l'ordre. Or l'ordre, c'est le maintien de tout ce qui existe légalement, sauf les modifications graduelles dont le temps, l'expérience et les progrès de la civilisation humaine ont fait reconnaître la nécessité. Tout passage subit, même d'un système vicieux à un système meilleur, doit être évité avec soin, s'il ne peut avoir lieu sans amener un bouleversement. Quelque odieux que soit l'esclavage dans son principe, il faut maintenir le système actuel dans les colonies, parce qu'il ne peut être aboli tout-à-coup sans une grande injustice envers les propriétaires, et sans d'affreuses calamités. De même il faut maintenir l'indépendance dans Haïti, parce qu'en supposant même que l'esclavage pût jamais y être rétabli, ce que je regarde comme absolument impossible, il ne le serait que par des violences et des horreurs, dont la seule pensée fait frémir l'humanité.

La mesure prise envers Haïti est une de ces mesures qui ne peuvent manquer de recevoir la sanction de l'opinion publique. Les principes d'une juste politique, proclamés à la face du monde; nos relations commerciales accrues, notre industrie et notre navigation encouragées; les infortunes des anciens colons adoucies, les craintes de voir les trésors et le pur sang de la France prodigués dans une désastreuse entreprise, enfin dissipées; tels sont les bienfaits de l'émancipation d'Haïti. Il me semble impossible que le cœur d'un Français et d'un honnête homme se refuse à reconnaître ces bienfaits et à bénir les inspirations généreuses auxquelles nous en sommes redevables.

Je suis, Monsieur le Duc, etc.

L. G. TERNAUX Aîné.

CONSIDÉRATIONS

SUR

L'EMPRUNT D'HAÏTI.

Le premier gage qu'un emprunteur, que ce soit un gouvernement ou un particulier, puisse offrir a son prêteur, est dans les motifs qui le portent à emprunter. Qu'un particulier cherche des fonds pour satisfaire à de folles dépenses, à des passions ruineuses, il ne mérite aucun crédit. Ces dépenses ne lui fournissent aucun moyen de s'acquitter ; son revenu, qui n'a pu suffire aux besoins de l'année courante, servira moins encore aux besoins de l'année prochaine, puisqu'il sera diminué par les intérêts d'un emprunt. Mais si le particulier emprunte pour améliorer ses terres, pour étendre une fabrication, un commerce avantageux, il gagnera de quoi payer avec aisance les intérêts et rembourser le principal. Le prêteur qui lui confie des fonds, fait tout à-la-fois une opération sûre et honorable, bonne pour lui et pour les autres.

Il en est de même d'une nation. Emprunte-t-elle pour couvrir un déficit qui se renouvelle et s'accroît tous les ans ; pour entreprendre une guerre injuste qui lui deviendra préjudiciable, quelle qu'en soit l'issue ? il n'y a ni sûreté, ni gloire, à lui prêter ; son peuple doit devenir de plus en plus misérable ; ce peuple qui n'a pu faire les sacrifices nécessaires pour se tirer d'embarras, les fera bien moins encore quand de nouvelles fautes l'auront fait tomber encore plus bas.

Le motif qui détermine l'Emprunt d'Haïti est précisément l'opposé de ceux-là. Son Gouvernement emprunte, non pour faire la guerre, mais pour faire la paix ; pour asseoir sur les plus solides bases le repos et l'industrie de sa Nation ; pour favoriser les développemens de son agriculture, de son commerce, et la mettre en état de supporter, en se jouant pour ainsi dire, le poids d'un intérêt, d'un remboursement, que ses ressources croissantes rendront tous les jours plus léger. Il emprunte pour diminuer des frais d'armement et de défense que sa situation menacée lui rendrait nécessaires. Il emprunte non-seulement lorsqu'il n'existe aucun déficit dans son budget ; mais lorsqu'un excédant de recettes lui permet de faire annuellement des économies. La preuve en est dans une réserve que l'on porte à environ 50 millions de francs, et que le Gouvernement Haïtien pouvait offrir comme un à-compte au moment du traité, s'il n'eût sagement préféré répartir les charges qui résultent de ce traité sur les ressources annuelles que lui présentent les contributions.

Le traité n'est pas seulement le fruit d'une sage politique et d'un calcul raisonnable ; il est, comme le disent eux-mêmes les Commissaires Haïtiens, un grand acte de morale et de justice. Les Capitaux prêtés serviront à cicatriser des plaies encore douloureuses, à restituer des fortunes enveloppées dans les naufrages des temps, et dont l'emploi fructifiera en d'autres mains. La même mesure qui améliore la situation d'Haïti, améliore le sort d'un grand nombre d'autres familles. Les bonnes semences portent de bons fruits; l'opération actuelle n'en saurait produire d'autres.

Les motifs qui donnent lieu à un emprunt ne suffisent pas cependant pour fonder le crédit. Tout prêteur, quand il est prudent, se demande si son emprunteur a la ferme volonté de satisfaire à ses engagemens, et si, en supposant cette volonté, il en a le pouvoir. De ces deux conditions réunies procède la sécurité parfaite.

Autrefois la probité des gouvernemens inspirait peu de confiance ; maintenant les choses prennent un aspect différent. De même que les particuliers sages sentent que la bonne conduite est plus profitable que la mauvaise foi, dont les gains honteux sont toujours accompagnés de beaucoup d'inconvéniens, et ne se répètent qu'une fois ; les gouvernemens paraissent avoir compris qu'une fidélité constante leur ménageait des ressources qui ne l'étaient pas moins. Si ce calcul a été fait par des princes que d'anciens prestiges entouraient d'une considération souvent bien peu méritée, combien n'est-il pas plus nécessaire encore pour des Gouvernemens nouveaux, dont les protestations.

touchent faiblement le public, et qui ne peuvent faire croire qu'à leurs actions ? Sous ce rapport, je ne pense pas que, sauf les États-Unis, aucun nouveau Gouvernement ait offert une meilleure garantie que celui d'Haïti. Deux chefs se sont succédés au timon de cet état, et au milieu des circonstances les plus critiques ; Pétion et le Président Boyer : tous les deux ont pris pour règle la modération et l'équité ; et ce qui est tout-à-fait digne de remarque, cette conduite les a maintenus et consolidés ; tandis que le pouvoir absolu, violent, que Christophe a exercé pendant un temps sur une partie de l'Ile, n'a pu se soutenir. Le système militaire a cédé au système civil.

Ne voyons nous pas là une indication du besoin général et du bon sens de la population, de même qu'une indication infaillible de la ligne que suivra nécessairement le Gouvernement, même quand le chef actuel aura un successeur ? La modération, la paix, une probité scrupuleuse, est pour ce Gouvernement une condition nécessaire de son existence ; et cette condition devient chaque jour, chaque instant, une nécessité plus grande, à mesure que l'industrie et les lumières se répandent, et que les institutions se consolident.

Il faut ajouter à ce gage d'une bonne administration l'exemple des États-Unis. Les États-Unis ont montré les premiers aux deux Amériques, le rapide accroissement de population, de richesse et de puissance, qui accompagne l'indépendance quand elle marche escor-

tée d'une administration sage , économe , uniquement
occupée du bien public. Tous les États émancipés du
Nouveau Monde , ont les yeux fixés sur ce modèle ,
qui a pour lui la sanction de l'experience et du succès ;
mais aucun n'est peut-être aussi bien placé qu'Haïti
pour l'imiter. Après les Américains du Nord , ceux
d'Haïti sont les plus anciennement indépendans (1) ,
et les premiers reconnus par leur métropole. C'est
avec eux qu'ils ont eu le plus de communications commerciales ; ces communications n'ont jamais été inter-
rompues ; les Américains du Nord sont leurs voisins ;
ils affluent dans leurs ports ; la constitution des États-
Unis a servi de type à la leur. On conçoit l'influence
qu'a dû exercer sur un penple nouvellement émanci-
pé , sans expérience , essayant ses premiers pas dans
la carrière de la civilisation , une fréquentation de
vingt-deux années , avec une nation déjà avancée.....
Que dis-je? Qui aurait des droits peut-être à se dire
la plus avancée du globe! puisqu'elle semble avoir ré-
solu dans son organisation sociale un problême politique qui avait été considéré jusqu'à ce jour comme in-
soluble.

De cette fréquentation constante avec les États-
Unis , il est résulté , dans les chefs du Gouvernement ,
une habitude de droiture qui est fort bien appréciée

---

(1) L'indépendance de Saint-Domingue fut proclamée en 1803,
après la déplorable expédition ordonnée par Bonaparte , sous le
commandement du Général Leclerc.

au reste par les négocians étrangers. Lorsque le Gouvernement d'Haïti fait en Europe des commandes, soit pour l'équipement et l'armement de ses troupes, soit pour d'autres services publics, ces commandes sont toujours transmises verbalement, ou sur de simples notes dépourvues de formalités et de tout cet appareil officiel qui n'est pas toujours un gage de la prompte expédition des affaires. Cependant aucune des personnes chargées de l'exécution de ces commandes, n'a jamais hésité à les remplir, ni à se mettre en avance pour des sommes considérables avec le Gouvernement Haïtien ; de semblables commandes sont même recherchées par les négocians qui savent quel en est le bénéfice régulier. Aussitôt que les objets demandés sont arrivés et prêts à être livrés, une commission spéciale les examine, ne fait jamais d'injustes chicanes, les reçoit, et le paiement en est ordonnancé sur le champ. Il n'est pas sans exemple que le Gouvernement offre spontanément, comme un témoignage de sa satisfaction, un prix plus élevé que celui dont on était convenu avec lui. Tout se passe avec une bonnefoi, avec une facilité qui ne se rencontrent pas toujours dans les marchés du même genre, dont l'Europe est témoin.

Comment pourrait-il entrer dans l'esprit de qui que ce soit, que lorsqu'il est question de transactions beaucoup plus importantes, et auxquelles sont attachés le repos et l'existence même de l'état, de transactions qui ont pour témoins les peuples et les Gouvernemens de l'ancien et du Nouveau Monde , la république d'Haïti voulût se départir de cette sage politique ; s'exposer à mettre contre elle l'opinion générale , qui est maintenant en sa faveur , et justifier par cette conduite toutes les imputations que la malveillance pourrait imaginer, toutes les attaques que des ennemis extérieurs voudraient tenter? Certes, rien dans la conduite passée , rien dans la conduite présente du Président ni de ses conseils, n'autorise à présumer une semblable folie.

Remarquons que les mêmes motifs , les mêmes influences qui existent sous le Président actuel, existeront sous son successeur. Rien n'annonce au reste que l'autorité exécutive, dans Haïti, doive de long-temps passer en d'autres mains. Le Président Boyer est dans la force de l'âge. Les dangers qui pouvaient compromettre son existence ou son pouvoir, n'existent plus. La chûte de Christophe et la soumission de la partie espagnole ont réuni l'Ile entière sous les mêmes lois, et l'ordonnance du Roi , du 17 avril dernier , la met à l'abri des entreprises que la France pouvait tenter contre son indépendance. La folle tentative faite dernièrement au Cap , par quelques partisans de Christophe, a constaté leur impuissance : c'étaient des hommes qui avaient eu part aux faveurs de cet ex-Empereur , et qui, regrettant le pouvoir et l'argent que ce régime leur procurait , ont essayé de les ressaisir. Le bon sens public , plus encore que les forces du Gouvernement , a réprimé ce mouvement inconsidéré ; et lorsque le Président Boyer se rendait au Cap , escorté de cinq cents hommes seulement , il rencontra quelques-uns des auteurs du désordre , qui venaient implorer sa merci. Il leur enjoignit de continuer leur route et de se rendre au Port-au-Prince , pour s'y faire juger , car il ne pouvait , leur dit-il , les dispenser de la formalité d'un jugement ; mais il les redoutait si peu , qu'il se contenta de leur assigner la ville du Port-au-Prince pour prison.

La partie ci-devant espagnole est maintenant attachée au Gouvernement central , plus par le sentiment de ses intérêts que par la force militaire. Les habitans de cette partie ont participé jusqu'à un certain point à cet élan général , qui a entraîné toute l'Amérique esgnole vers l'indépendance. Ils n'étaient retenus que par la crainte de compromettre leur sûreté personnelle et leurs propriétés , dans une subversion totale. Boyer les a affranchis de cette crainte. Lorsque ses troupes occupèrent la partie Espagnole , elles se conduisirent avec autant d'ordre et de ménagemens qu'aurait pu le faire l'armée Européenne la mieux disciplinée. Tous les propriétaires espagnols furent maintenus dans leurs biens ; on leur laissa même la propriété de leurs esclaves, comme avant la conquête. Plus tard , lorsqu'il fut reconnu indispensable que l'esclavage fût aboli dans cette partie de l'Ile , comme il l'était dans le reste, cette mesure délicate fut prise avec tant d'égards et de circonspection, que les esclaves affranchis restèrent tous sur les habitations de leurs anciens maîtres, à titre de serviteurs ; et ils y sont encore aujourd'hui, avec la seule différence qu'on leur paie en salaires ce qu'on payait autrefois pour leur entretien.

La tranquillité, qui a été la conséquence de cette réunion de toute l'île sous un seul gouvernement, n'a été un instant troublée que par l'agression absurde et intempestive, faite en 1822, par une de nos escadres, contre un point de la côte de cette partie, à Samana. Elle fut sans avantage pour personne, et faillit être fâcheuse pour beaucoup de Français ; elle produisit, contre nous, une extrême irritation parmi toute la population d'Haïti. Plusieurs bâtimens de commerce français étaient alors dans ses ports. Le Président se contenta d'y mettre l'embargo et d'en retenir les équipages jusqu'à ce que l'escadre française se fût retirée, et que tout acte hostile eût cessé. En même temps, par l'ascendant de son caractère, il contint l'animosité qui se déclarait contre nos compatriotes, et parvint à empêcher qu'aucun d'entre eux ne fut maltraité. C'est par cette conduite sage et généreuse qu'il a su conquérir l'estime du monde, et préparer le grand acte qui fait aujourd'hui le bonheur de sa nation, les espérances de notre commerce, et la joie de tous les amis de l'humanité.

Maintenant, il n'y a pas dans toute l'Europe de routes plus sûres que celles d'Haïti ; un voyageur blanc peut parcourir l'Ile entière sans courir le moindre risque pour sa personne, ni pour son argent. A défaut d'auberges, toutes les maisons, toutes les cases lui sont

ouvertes ; il rencontre partout la plus franche hospita-
lité.

Cette tranquilité ne semble pas devoir être troublée,
même par un changement de Président. Lorsqu'un État
a eu le rare bonheur que deux hommes d'un mérite
éminent, et d'un caractère parfaitement juste et modé-
ré, tels que Pétion et Boyer, aient été successivement
appelés à le gouverner, et à mettre en pratique ses institutions naissantes ; il est probable que ces institutions
se consolideront de plus en plus. Ces grands hommes
ont tracé la marche que leurs successeurs ne pourront
faire autrement que de suivre.

C'est ainsi que Washington fut et sera le modèle
de tous ceux qui seront appelés désormais à présider
au Gouvernement des États-Unis ; le chef de l'Etat se
décrierait lui-même en suivant une autre route que celle de Washington : et l'on peut dire que les vertus de
ce grand homme rendent plus de services après sa
mort qu'elles n'en ont rendu pendant sa vie.

Le Président d'Haïti a, comme chef de l'État, tout
le pouvoir dont il a besoin, tout le pouvoir compati-
ble avec sa sureté et sa position. Si jamais un de ses
successeurs tentait d'y substituer un despotisme pur et
sans frein, le sort funeste de Dessalines et de Christophe est là pour lui donner un avertissement terrible et
salutaire ; et pour peu qu'il fût capable de porter ses re-
gards hors de ces pays, il trouverait d'autres exemples
non moins propres à contenir son ambition. Sans sor-
tir même de l'Amérique, il faudrait qu'il envisageât

de sang-froid la mort récente d'Iturbide. Ce sol Américain ne parait pas favorable à l'arbitraire.

Ajoutons, surtout, que la constitution d'Haïti a
pourvu à la durée des formes constitutionnelles. Les
formes constitutionnelles ont peu de force, dira-t-on,
quand elles ne sont appuyées ni sur des antécédens, ni
sur des intérêts nationaux bien compris. Ici, il n'y a
point d'antécédens, car l'esclavage n'en est pas un ; et
l'on ne peut pas supposer que l'amour du fouet et des
supplices ait jeté des racines bien dangereuses. Il faut
donc considérer les Haïtiens comme un peuple tout
neuf. Quand certains colons de Saint-Domingue parlent de leurs esclaves révoltés, ils oublient que la génération actuelle est née libre ; quelle n'a trempé, en
aucune façon, dans les massacres qui ont accompagné
l'affranchissement de ses pères. Ils oublient que la
grande majorité de cette génération n'a connu qu'un
régime plus ou moins constitutionnel ; qu'elle a, jusqu'à un certain point, profité d'une instruction publique, et participé à ce développement intellectuel, fruit
constant de la liberté civile.

On ne se formerait donc pas une idée exacte de cette
population, si l'on se figurait qu'elle n'entend rien à
ses intérêts politiques, et n'a aucun attachement pour
les formes constitutionnelles. Là véritablement, il se
trouve, comme dans les vieux pays de l'Europe, une
classe nombreuse uniquement occupée de son existence
personnelle et végétative ; mais cette classe suit nécessairement les pas de celle qui, plus éclairée, proclame

les intérêts généraux : or , cette dernière classe , la seule véritablement agissante , est celle qui sent le plus l'avantage que procure la conservation du bon ordre et des lois.

Les ennemis de l'émancipation prétendent que l'état actuel des noirs de la classe inférieure à Haïti n'est guères qu'un esclavage déguisé ; que ces noirs sont de véritables serfs attachés à la glèbe. Il est vrai qu'il existe dans les campagnes des Inspecteurs des cultures, et que les Commandans militaires des divers arrondissemens ont l'ordre de ne souffrir aucun oisif, et les pouvoirs nécessaires pour forcer chacun au travail ; mais, quoique différente par ses formes , cette loi n'est-elle pas , dans son esprit , la même qui régit l'Angleterre , les État-Unis et quelques-uns des pays les plus civilisés de l'Europe ? Dans ces pays , les magistrats n'ont-ils pas à leur disposition les maisons de travail et de correction , pour réprimer la mendicité et le vagabondage ? La loi d'Haïti fait plus que réprimer : elle prévient ; elle empêche qu'il n'y ait des mendians et des vagabonds. Ses formes sévères ne conviendraient pas dans notre Europe , mais à Haïti , elles sont peut-être, pour quelque tems, encore indispensables. Quant à ce qu'on a dit des inimitiés qui existent entre les noirs et les mulâtres , et du danger qui peut en résulter pour la stabilité du Gouvernement, aujourd'hui que les deux nuances de la même couleur ne sont plus réunies par le besoin de la défense commune , ce sont des assertions tout-à-fait controuvées. Il est vrai que les mulâtres exercent une sorte de suprématie dans Haïti ; mais c'est seulement la suprématie qui, dans tous les pays , s'établit naturellement en faveur de la classe la plus éclairée et la plus riche. Dès avant la révolution de Saint - Domingue , un grand nombre de mulâtres étaient déjà propriétaires : presque tous avaient reçu un certain degré d'instruction ; ils ont conservé et accru ces avantages, auxquels la classe noire , qui jadis en était tout-à-fait privée , n'a pu depuis participer que plus lentement, et dans une moindre proportion. Cependant aujourd'hui , beaucoup de noirs sont devenus des hommes distingués : les divers emplois civils ou militaires sont indistinctement remplis par des individus de l'une ou de l'autre nuance : on les trouve en nombre à peu près égal dans l'armée , dans les deux Chambres législatives, et dans les administrations ; et on peut affirmer qu'il n'existe entre eux aucune rivalité dangereuse.

Chimère que tout cela ! s'écrient certains habitans des Colonies, qui , n'ayant vu l'homme noir que dans l'état d'abrutissement inséparable de la condition d'esclave , ne conçoivent pas qu'il puisse jamais s'élever jusqu'à être digne d'une condition meilleure. Mais n'est-il pas permis de demander si, dans quelques parties de l'Europe, sur les côtes même de quelques-uns des départemens les moins civilisés de notre France, on venait enlever nos paysans blancs, et qu'on les transportât , chargés de fers, sur une terre étrangère , pour y passer le reste de leurs jours, asservis, sous le fouet d'un commandeur, aux plus pénibles travaux ; croirait-on que ces blancs, nos compatriotes, paraîtraient beaucoup meilleurs et plus intelligens que ne paraissent les noirs dans nos Colonies ? Tous ces préjugés de couleur, toutes ces distinctions entre les variétés de l'espèce humaine, sont sans doute nécessaires dans les colonies, pour marquer la suprématie des Blancs, qui sont les maîtres, sur les Noirs qui sont les esclaves ; mais en France, et au dix-neuvième siècle, on ne peut plus soutenir une pareille thèse, sans rencontrer une opposition générale dans le bon sens du public. Ce serait lui faire injure que de s'étendre davantage sur ce sujet.

Les fonctions du Président d'Haïti sont à vie. Le choix de ce premier Magistrat appartient à un Sénat, composé des hommes les plus recommandables de l'Ile, et tous propriétaires. Le Président a la faculté de désigner son successeur ; mais cette indication facultative n'est point obligatoire pour le Sénat, qui demeure parfaitement libre dans son choix. Lorsque Pétion mourut, il n'avait pas usé de cette faculté ; il n'avait pas désigné son successeur ; mais l'opinion publique l'avait nommé d'avance ; et le Président actuel arriva au pouvoir sans opposition et sans secousses. Selon toutes les probabilités, les choses se passeront de même à sa mort. La République a vu se former plusieurs hommes éminens, comme militaires, comme administrateurs et comme magistrats. Le choix entre eux ne sera ni long ni contesté. Il ne s'agit point d'un pouvoir immense à exercer, d'une influence extraordinaire à acquérir dans l'ancien ou dans le nouveau monde. Il s'agit de fonctions à exercer ; il s'agit de les exercer avec du travail et du courage. Ce n'est guères là le but que se proposent les intrigans.

Le but que se propose , le seul but que puisse se proposer le Gouvernement d'Haïti , est de conserver au pays son indépendance , et de lui procurer toute la prospérité dont il est susceptible. Le but de chacun des citoyens en particulier et de tous en général , est d'atteindre l'état de bien-être et d'aisance que comportent un sol fécond et vaste , une position centrale et un commerce facile avec le monde entier. On ne saurait, dans la situation où Haïti se trouve maintenant, par rapport à la France, parvenir à ce double but que par la plus stricte exécution des conditions imposées d'une part , et acceptées de l'autre. Voyons si l'on en a les moyens.

Je n'ai pas les états de recettes et de dépenses de la république d'Haïti ; mais ces états existent et sont soumis annuellement au Sénat et à la Chambre représentative. Ce que je sais, c'est que les finances y sont administrées avec beaucoup d'ordre et d'économie. Nous allons en avoir la preuve.

Les recettes se composent d'abord des droits de douanes, qui rapportent , en monnaie de France , environ. . . . . 17,000,000 fr.

D'un droit territorial, d'un impôt
sur les maisons , du timbre , des pa-

tentes et du produit des domaines de
l'État, qui rapportent ensemble environ. 20,000,000

TOTAL des revenus publics, environ. 37,000,000 fr

Les dépenses se composent presqu'entièrement de
frais qu'occasionnne l'armée active, et du modeste
traitement des fonctionnaires publics. Je n'en con
nais pas dans cet instant même le montant annuel
le départ précipité des Commissaires Haïtiens leu
a fait négliger d'en prendre avec eux les états; mai
ils affirment qu'il reste de cinq à six millions de
francs au-dessous des recettes; et l'on peut les en
croire lorsqu'on sait qu'il y a actuellement dans le tréso
une réserve disponible d'une année et demie de revenu
c'est-à-dire d'au moins cinquante millions de francs
réserve qui aurait pu être offerte pour acquitter le pre
mier terme de l'indemnité, sans le desir qu'avait l
Président de conserver ces capitaux dans le pays, pou
contribuer, au moyen d'une caisse d'escompte, à l
baisse de l'intérêt, maintenant très-élevé, et favorise
par là tous les développemens dont l'Ile est susceptible

En supposant que les Haïtiens empruntent successi
vement chaque année, pendant cinq ans, 30 million
à 6 pour cent, ils auront à payer la première année
pour intérêts de cet emprunt, 1800 mille francs: ad
mettons 2 millions ; ils leur restera encore un excé
dant de 3 millions.

La seconde année ils devront payer l'intérêt de deux emprunts, plus la somme nécessaire au remboursement d'un vingt-cinquième du premier; c'est-a-dire environ 5 millions. L'excédant de leurs recettes sur leurs dépenses suffirait encore pour faire face à cette charge, sans augmenter les impôts, et en ne supposant aucune diminution dans les dépenses. Or les impôts mêmes, sans en augmenter la proportion, rapporteront infailliblement davantage, et les dépenses diminueront sans le moindre doute. Ces deux propositions sont faciles à prouver.

L'ordonnance du 17 avril, qui reconnaît l'indépendance de Saint-Domingue, ouvre, pour cette Ile, de nouveaux rapports commerciaux, procure de nouvelles facilités, soit pour l'exportation de ses produits, soit pour l'importation des objets de sa consommation. De là l'accroissement du produit des douanes, de l'impôt du timbre, des patentes, à vrai dire, de tous les impôts. On pourrait craindre que la modération de droits, que la France a obtenue à l'introduction de ses marchandises, ne portât quelqu'atteinte au produit des douanes; mais les achats qu'Haïti fait maintenant en France, sont et scront encore malheureusement, pendant quelques années, fort inférieurs à ceux que ce pays fait à d'autres nations, principalement aux Américains et aux Anglais; or ceux-là ne jouiront d'aucune diminution de droits; et même ces derniers seront assujétis, à dater du premier janvier prochain, à un droit de 12 pour cent de la valeur de leurs mar-

chandises, au lieu de 7 pour cent qu'ils ont payés jusqu'ici.

Toute la question, au reste, du produit des douanes
n'est pas là; il n'est point prouvé qu'une diminution
de droits diminue pour le fisc la quotité du produit; ou
plutôt le contraire est prouvé. L'Angleterre en a fait
l'épreuve : chaque fois qu'elle a élevé les droits sur
l'importation des vins, ils ont procuré une moindre re-
cette; maintenant qu'elle modère ces droits, ils pro-
duisent davantage. De sorte qu'à Haïti, mettant de
côté la recognition du Gouvernement français, et la
nouvelle activité que des relations ouvertes et pacifi-
ques vont donner aux productions et aux consommations de la nouvelle république, une diminution de ses
droits d'entrée aurait vraisemblement l'effet d'améliorer les rentrées de son fisc. Que sera-ce lorsque ces
deux causes agiront en même temps?

Que le produit des autres impôts augmentera même
sans en augmenter les proportions, ce ne saurait être
l'objet d'un doute. La production et la consommation
de l'Ile ont été en croissant avec la population, à mesure que son régime a été plus solidement établi.
Cet accroissement va marcher d'un pas plus rapide
dorénavant. Ce territoire, fertile en tous genres de pro-
duits, ouvre un champ immense à tous les genres
d'industrie, et surtout à l'agriculture. Les cultures du
café, du cacao, et principalement du coton, sont destinées à prendre les plus grands développemens dans
Haïti. On ne peut se dissimuler que l'attitude souvent

menaçante du Gouvernement Français, n'ait tenu long-
temps les Haïtiens dans un état de crainte très-funeste à
l'esprit d'entreprise. Une expédition française pouvait
être dirigée inopinément contre un point quelconque
des côtes. Le cas arrivant, l'ordre était donné d'incen-
dier tout à l'approche des Français, et de se retirer
dans les mornes, où des retraites étaient partout pro-
tégées par des retranchemens inexpugnables. Sans
doute on n'aurait jamais effectué la conquête de l'Ile
ni la subversion de son Gouvernement, et les combats,
les privations, les maladies auraient promptement dé-
truit l'armée Française, comme celles qui déjà eurent
le malheur d'être employées dans de si funestes tenta-
tives. Mais, je le demande, cette perspective était-elle
propre à encourager des entreprises industrielles? Ose-
t-on planter, bâtir, multiplier ses machines, son mo-
bilier, embellir sa demeure, lorsqu'on est exposé à
livrer aux flammes les résultats de son économie et de
ses soins? Est-on excité à produire et à consommer,
quand la défiance et l'inquiétude paralysent les affaires, quand chacun se regarde, pour ainsi dire, comme étant au bivouac dans sa maison? Mais tout change
de face avec la sécurité. Les capitaux sortent de des-
sous terre ; les entreprises se forment; d'industrieux
étrangers apportent des procédés nouveaux, de l'activité, des talens. Ils servent de modèles et d'excita-
teurs aux gens du pays. Ceux-ci contractent des goûts
plus délicats ; de nouveaux besoins se sont sentir, et
pour les satisfaire on est excité au travail. Le travail,

les consommations, les jouissances, l'instruction, la civilisation, tout avance du même pas.

La culture du coton a depuis quelque temps été particulièrement soignée en Haïti. On s'est aperçu que ce n'était pas le défaut de qualité qui nuisait à sa vente, mais le défaut de soins apportés dans sa récolte et dans son emballage. Le commerce français y a envoyé des moulins à égrainer, qui sépareront le duvet de la graine, sans briser la graine et sans salir le duvet. On y a envoyé de même des presses hydrauliques propres à l'emballer, et qui, le comprimant avec leur puissance presque miraculeuse, permettront qu'on l'apporte en Europe en payant un fret beaucoup moindre.

Cette circonstance, pour en faire l'observation en passant, est singulièrement favorable à la navigation française. Les cotons que nous tirons des États-Unis, nous sont presque tous apportés par des navires Américains ; les cotons de Saint-Domingue, surtout lorsqu'ils seront aidés de quelque faveur, quant aux droits, nous seront tous apportés par des navires français ; car la république d'Haïti n'a point de marine marchande, et n'en aura de long-temps. Ses citoyens sont plus avantageusement occupés par l'industrie intérieure.

Les mines d'or de Cibao, situées dans l'intérieur de l'Ile, offrent des produits qui pourront devenir importans. On les dit riches ; et elles vont être exploitées par une compagnie Anglaise, avec laquelle le Gouvernement Haïtien avait pris des arrangemens dès avant la recognition de son indépendance ; et des In-génieurs, des Mineurs anglais sont déjà partis avec des capitaux pour en commencer l'exploitation. Dans ces sortes d'entreprises, tous les risques sont pour les particuliers, et en cas de réussite, elles offrent à un Gouvernement des revenus tout nouveaux , qui ne pèsent pas sur le contribuable.

On voit combien les revenus publics d'Haïti, qui s'augmentaient journellement depuis plusieurs années, avant l'ordonnance du 17 avril, promettent de s'ac-croître davantage après que cette ordonnance a dé-truit toutes les causes d'inquiétudes et ouvert aux pro-duits de la république le vaste marché de la France.

Mais ce n'est pas tout. On gagne tout ce qu'on éco-nomise ; et les dépenses publiques d'Haïti sont suscep-tibles de très-fortes réductions. L'état militaire de la république est beaucoup plus considérable qu'il n'est désormais nécessaire. Sa situation précaire rendait in-dispensable l'entretien d'une armée disproportionnée à sa population. La France, surtout depuis cinq ans, semblait avoir adopté des principes hostiles envers son ancienne colonie. Son indifférence , pour ne rien dire de plus, sur les infractions ouvertement commises dans ses ports aux traités et aux lois qui prohibent la traite, sa conduite plus que sévère, envers les hom-mes de couleur de la Martinique ; les principes des anciens colons, qui dominaient dans ses conseils ; tout tendait à rendre suspectes les intentions de son Gou-vernement. Les étrangers , jaloux de conserver le monopole du commerce d'Haïti, étaient fort intéressés à perpétuer la mésintelligence. Les journaux anglais de la Jamaïque et les gazettes Américaines étaient leurs organes, et se plaisaient à entretenir l'inquiétude et les méfiances des Haïtiens. Chaque jour on venait leur dire : « Vous allez être attaqués. La France prépare » un armement à Brest; ou bien : Des troupes fran- » çaises ont été embarquées en Espagne : c'est infail- » liblement Haïti qu'elles menacent. » Dans un autre moment : « Une escadre Française a été vue à la hau- » teur des Canaries, faisant route vers l'ouest, etc. »

Les étrangers qui fréquentaient les ports de l'Ile at- tisaient la haine et la crainte qu'inspiraient les Fran- çais, poursuivis par le souvenir des cruautés du géné- ral Leclerc. On était constamment sur le qui-vive ; et une armée considérable de troupes régulières était toujours prête à soutenir les citoyens. De là cet état militaire qui chargeait le trésor sans pouvoir néan- moins l'empêcher d'augmenter ses économies toutes les années (1)

---

(1) Voici de quoi se compose l'armée actuelle d'Haïti :

Infanterie de ligne : 33 régimens de 675 hommes chaque. . . . . 22,275 hommes.

Artillerie : cinq régimens, dont :

Un au Cap.	
Un aux Cayes.	de 800
Un à Santo-Domingo. . .	hommes
Un au Port-au-Prince. . .	chacun. . 4,000
Un aux Gonaïves et à St-Marc.	

26,275

La nouvelle existence politique d'Haïti peut faire prévoir, dans son état militaire, une réduction au moins de 20,000 hommes : mettons là à 15,000 seulement. C'est estimer fort bas la dépense qu'occasionne chaque homme sous les armes, que de l'évaluer à 500 fr., surtout si l'on considère que, jusqu'à ce jour, presque tous les objets d'armement et d'équipement sont tirés d'Europe. Cette réduction, dans le personnel, procurerait donc une économie annuelle de 7,500,000 fr. pour le moins. Elle s'opèrerait d'autant plus facilement que les officiers sont tous propriétaires; que les soldats

---

De l'autre part.... 26,275

Cavalerie : trois régimens, dont :

Un de carabiniers.
Deux de dragons. } de 600 hommes chacun. 1,800

Garde du Président.

Deux régimens de cavalerie, un de grenadiers à cheval et un de chasseurs, de 900 hommes

chacun. . . . . 1,800 hommes }
Un régiment d'infanterie de. 1,200 } 3,000

Gendarmerie : 5 légions de 760 hommes chaque. 3,800

Ouvriers, vingt compagnies de 150 hommes chacune. 3,000

Garde-côtes 3,000

En tout. . . . 40,875 hommes.

L'infanterie n'est de garde que par moitié. Une semaine, les corps font le service militaire; l'autre semaine, ils sont employés à la culture des domaines de l'Etat; ce qui allége un peu la dépense et entretient les soldats dans des habitudes de travail.

sont tous accoutumés aux travaux agricoles, et que l'état de sécurité et l'industrie croissante, multiplieront les professions utiles et les travaux de tous genres.

Il se fera indubitablement une réduction équivalente dans le matériel, surtout si l'on considère que les approvisionnemens existans, étant plus que suffisans pour une armée réduite, dispenseront de tout achat nouveau pendant plusieurs années. Il est difficile d'évaluer l'économie qui en résultera sur la dépense annuelle; mais c'est la porter bien bas, que de l'estimer seulement à 1,500,000 fr.

J'ai encore moins de données pour apprécier l'augmentation de revenu qui résultera, pour le fisc, de l'accroissement de l'agriculture, des mannfactures et du commerce. Il est cependant difficile de croire qu'au bout des deux premières années, dans lesquelles le seul excédant ordinaire des recettes sur les dépenses de l'État suffira, sans augmentation d'impôt, et sans toucher à la réserve acquise, pour acquitter les exigences des nouveaux emprunts; il est difficile de croire, dis-je, qu'au bout de deux années, les recettes de l'État n'auront pas augmenté d'un sixième, c'est-à-dire de six millions environ.

On peut remplacer, si l'on veut, toutes ces évaluations par d'autres; il y a sans doute des raisons pour les croire trop élevées à certains égards; mais il y a probablement aussi, à d'autres égards, des raisons pour les croire trop faibles. En les adoptant provisoirement jusqu'à ce que nous en ayons de plus précises, nous trouverions, soit en diminution de dépenses, soit en augmentation de recettes, une bonification annuelle de quinze millions de francs; savoir :

7,500,000 fr. sur le personnel de l'armée.

1,500,000   sur le matériel.

6,000,000   en augmentation de revenu.

______

15,000,000 fr.

Le tout sans parler de l'excédant de 5 millions que, dans l'état actuel des choses, et antérieurement à toute bonification, les recettes présentent déjà par-dessus les dépenses; tellement que, sans se jeter dans aucune présomption exagérée, on pourrait prévoir que, dès la fin de la seconde année après l'emprunt, le Gouvernement Haïtien trouverait, pour faire face au service des intérêts dus et des remboursemens promis annuellement, une ressource annuelle de 20 millions.

Or, en supposant que, pour le paiement de l'indemnité, il eût besoin d'emprunter 30 millions par année pendant cinq ans, il aurait à payer, au bout de la cinquième année, celle où les exigences des empruns seront les plus considérables :

Pour les intérêts de 150 millions, à six pour cent. . . . . 9,000,000 fr.

Pour le remboursement d'un 25e chaque année. 6,000,000

______

Total. . . . . 15,000,000 fr.

Il aurait donc une somme de 20 millions pour faire

face à une exigence de 15 millions. Et il est bon de remarquer qu'on a porté, pour faire une somme ronde, et la plus forte possible, les intérêts à 9 millions pour la cinquième année ; mais qu'en réalité ils seront déjà diminués par les remboursemens d'un 25e qui auront été faits au bout des deuxième, troisième et quatrième années. Remarquons encore que cette charge la plus forte n'aura lieu que pour une année, et que les remboursemens allant leur train, les arrérages diminueront tous les ans, tellement que cette somme d'arrérages, portée ici pour 9 millions, ne sera plus, à la vingt-cinquième année, que de 36o mille francs ; c'est-à-dire de l'intérêt du 25e restant à rembourser à cette époque ; ce qui laissera au Gouvernement Haïtien un excédant des recettes sur les dépenses, croissant chaque année et qui se trouvera être de 20 millions, à cette époque, en supposant qu'au bout de 25 ans la bonification n'ait pas été progressivement croissante, et que le Gouvernement n'ait pas diminué les impôts.

Cette diminution d'impôts aura probablement eu lieu ; et c'est un phénomène financier qui ne laissera pas d'être remarquable, que celui que présentera un état qui, pendant une période où il aura contracté de nouvelles obligations, non seulement n'aura pas, pour y satisfaire, augmenté les contributions publiques, mais les aura considérablement allégées. Ce phénomène n'étonnera que ceux qui n'ont aucune idée des effets naturels du bon ordre et de l'économie dans les dépenses publiques.

Il paraît que, sur les accumulations faites par le Gouvernement d'Haïti et existantes entre ses mains, il se propose d'établir un fonds d'amortissement destiné à racheter, sur les différens marchés de l'Europe, les obligations de son emprunt qui tomberaient au-dessous d'un certain prix : ce qui contribuerait puissamment à soutenir cette valeur, déjà si bien soutenue par l'état prospère des finances d'Haïti, et par les Annuités de remboursement qui sont le mode d'amortissement le plus constant et le plus positif. Au reste, comme il n'y a encore, à cet égard, que des données imparfaites, on doit s'abstenir de rien dire de plus sur ce fonds d'amortissement, si ce n'est qu'avec les 5o millions de réserve, dont le gouvernement d'Haïti peut disposer, il serait facile de faire monter, sur les marchés de l'Europe, les fonds de plusieurs pays très-oberés, et à plus forte raison ceux d'Haïti, pays qui n'a d'autre dette que celle qu'il va contracter en faveur des malheureux Colons.

On voit, d'une part, que nous avons tout lieu d'être tranquilles sur la bonne foi du Gouvernement d'Haïti, et d'une autre part sur la réalité de ses ressources. Sa volonté, sa conduite, sont d'accord avec ses intérêts ; le passé nous répond de l'avenir ; les chefs peuvent changer, mais non les principes qui les dirigent ; ce sont les seuls qui peuvent les faire réussir. Ces vérités sont comprises par la population entière, qui n'a aucun moyen de se gouverner différemment, ni mieux. Tout homme impartial demeurera donc convaincu qu'il n'y a aucun Gouvernement sur la terre avec lequel on puisse traiter avec plus de sécurité; or pour que les fonds d'Haïti se soutiennent au niveau de ceux de France et d'Angleterre, il suffit que cette sécurité soit, en France, partagée par un des créanciers de l'État sur cent trente, et en Angleterre par un sur plus de six cents, puisque la somme qu'emprunte en ce moment notre nouvelle alliée est à celle qu'on laisse entre les mains du Gouvernement français, comme *un* est à *cent trente*, et à ceux qu'on laisse entre les mains du Gouvernement anglais, comme *un* est à *six cent trente.*

« Mais, diront certains esprits timorés, les circons-
» tances extérieures à l'état d'Haïti ont-elles la même
» apparence de durée, et ne pourront-elles pas influer
» sur le sort des prêteurs ? Si le Ministère actuel venait
» à être changé en France, n'est-il pas à craindre que
» celui qui lui succèderait n'essayât de révoquer l'or-
» donnance d'émancipation et de se mettre en guerre
» avec Haïti ? »

Ce serait supposer qu'une aussi mauvaise mesure que la révocation de l'ordonnance du 17 avril dépendrait entièrement de la volonté du Ministère; or on a lieu de croire que cette ordonnance a des fondemens plus stables, et que l'heureuse issue des négociations de M. de Mackau a été vue avec une extrême satisfaction par des personnes augustes, dont les sentimens sur ce point sont à l'abri de l'influence d'un changement de Ministres. On sait que ce grand acte de justice, d'humanité, n'est pas seulement le fruit de la conviction des Ministrès actuels, et peut fort bien se passer de l'assentiment des Ministres futurs. Voudraient-ils braver l'opinion de la France, celle de l'Europe; bouleverser les opérations commerciales entreprises à la suite de cette paix, et priver les malheureux Colons de l'indemnité qui leur est promise? On pouvait ne pas rendre l'ordonnance du 17 avril; il est impossible de la révoquer. La recognition de Saint-Domingue était une mesure hardie, si jamais une paix peut mériter cette épithète : elle a pu effaroucher quelques préjugés ; mais le temps remplit toujours son office; l'expérience des avantages positifs que cette bonne opération doit produire, ramènera ce petit nombre d'hommes qu'elle avait étonnés d'abord; et déjà ces avantages parlent assez haut pour étouffer leur voix.

Au surplus, examinons les principaux fondemens de leurs craintes. L'exemple de Saint-Domingue, disent-ils, compromet l'existence de nos autres Colonies. Comment les nègres de la Guadeloupe, de la Martinique, se tiendraient-ils dans le devoir, quand ceux de Saint-Domingue sont récompensés pour en être sortis ?

En opposition à ces craintes, on demandera si le Canada et la Nouvelle-Écosse ne sont pas demeurés sous la domination de l'Angleterre, malgré la séparation de ses autres Colonies du continent Américain. Leur fidélité a-t-elle été un instant ébranlée par le succès de la rébellion des États limitrophes? Et voici un fait qui a un rapport encore plus immédiat avec la question qui nous occupe, et qui est assez concluant pour valoir à lui tout seul cent raisons.

En 1775, le nombre des Noirs déserteurs de la Colonie Hollandaise de Surinam, se montait à trente mille. Ils s'étaient retirés dans des forêts inaccessibles, menaçant continuellement les Colons, et leur enlevant leurs esclaves. Tous les moyens qu'on avait tentés pour les réduire par la force, avaient été inutiles. Que fit-on? On composa avec le mal; on traita avec ces esclaves révoltés, on consentit à leur indépendance, pourvu qu'ils promissent de ne pas franchir certaines limites et de n'accorder point d'asile aux nègres fugitifs. Ce traité subsiste depuis cinquante ans ; jamais les Noirs ne l'ont violé; et aujourd'hui encore ils forment, dans le voisinage de la Guyane Hollandaise et de la Guyane Française, une peuplade libre, sans que leur exemple provoque à la révolte ou à la fuite, les nègres de l'une ni de l'autre de ces Colonies (1).

N'est-on pas fondé à demander si l'exemple d'Haïti sera plus contagieux pour la Guadeloupe et la Martinique, séparées de la première de ces îles par un espace de mer, que l'exemple des nègres indépendans de la Guyane ne l'a été pour les nègres esclaves qui sont dans leur voisinage?

____

(1) Il est bon de remarquer qu'en 1775 on était bien loin, dans ces Colonies, de toute idée révolutionnaire, et que la mesure qui a consacré l'indépendance des noirs marrons de Surinam a été approuvée et encouragée par M. Malouet, cet administrateur si sage et si judicieux, *alors présent dans la Colonie.* Le succès a pleinement justifié son opinion.

On va plus loin, et on est en état de prouver que si quelque chose pouvait compromettre la sûreté des colons des Antilles Françaises, c'était la situation précaire de la République d'Haïti. Quoi de plus dangereux, pour ces colonies, que d'avoir, presque à leur porte, une île qui pouvait devenir un foyer de rébellion, un asile pour tous les mécontens des autres Antilles? Quoi de plus dangereux que de menacer sans cesse l'existence d'un million d'hommes, qui, poussés au désespoir, pouvaient se déterminer à chercher des points d'appui au dehors, en provoquant les autres colonies à la révolte?

On ne sait pas assez, en Europe, que dans des instans où les Haïtiens pouvaient être irrités de quelques efforts faits par notre Gouvernement, pour jeter la désunion parmi eux, et compromettre leur indépendance, des propositions furent faites au Président de lui vendre ou de lui louer des bâtimens Américains en nombre suffisant pour transporter des forces à la Martinique et à la Guadeloupe. Le Chef du Gouvernement ne manquait ni d'argent, ni de troupes; il n'avait d'autre précaution à prendre que de modérer leur ardeur. Deux à trois mille hommes de garnison ne pouvaient l'empêcher de débarquer des forces sur plusieurs points, de proclamer la liberté des noirs et l'indépendance de ce qui reste aux Français dans les Antilles: l'extrême modération, disons mieux, la grandeur d'ame du Président, un certain fond d'attachement pour la France, et le desir de ne pas fermer toute voie à une réconciliation desirable, ont seuls prévenu ce malheur. Le Gouvernement d'Haïti sait fort bien que son île n'est pas inattaquable ; mais en même temps, il sait qu'elle et inexpugnable. Une puissance maritime peut bloquer ses ports ; mais les avantages du blocus n'en couvriraient pas les frais ; elle peut jeter sur ses côtes quelques milliers de soldats dévoués à la mort, détruire quelques établissemens, des villes même : mais c'est tout. Ce serait une guerre à la Russe ; une campagne de Moscou, ou plutôt une campagne du général Leclerc, qui cependant n'avait pas trouvé, en 1802, l'île organisée pour sa défense comme elle l'est aujourd'hui : il n'y avait alors ni armée régulière et disciplinée, ni trésor bien pourvu, ni approvisionnemens considérables préparés dans les mornes, et défendus par des villages et des défilés fortifiés, ni tous ces moyens que fournit un territoire intérieur étendu et bien gouverné.

Que serait-ce si de pareils actes d'hostilité arrivaient après la violation d'une foi jurée ? après la destruction d'une mesure toute populaire, en France et dans le monde entier, et lorsqu'on ne pourrait soutenir une si fausse politique, sans fouler aux pieds tant d'intérêts anciens ou nouveaux, la morale et l'humanité ! Quel ministère, quel Prince voudrait encourir une semblable responsabilité !

D'autres personnes qui conviennent qu'une guerre avec Haïti, même dans la supposition d'un changement de ministres et contre toutes les vraisemblances, redoutent la possibilité d'une rupture avec l'Angleterre ou les États-Unis ; mais une guerre maritime n'influerait pas plus sur nos rapports avec Haïti, qu'une guerre continentale en Europe. Les puissances avec qui nous serions en guerre, si elles attaquaient cette île, y rencontreraient les mêmes obstacles qu'on vient de caractériser ; et elles n'auraient rien à gagner à cette attaque : au contraire, elles se mettraient sur les bras un ennemi de plus, sans altérer en rien le pouvoir militaire de la France. On ne pourrait pas même se faire un appui d'Haïti, en enveloppant cette Ile dans une alliance contre la France. Haïti n'a point de marine militaire et n'en aura de longtemps ; il serait pour les États-Unis ou l'Angleterre une charge plutôt qu'un secours ; un ennemi secret, plutôt qu'un allié utile. La neutralité d'Haïti est donc forcée dans tous les cas ; et les puissances de l'Europe et de l'Amérique peuvent se battre sur terre et sur mer tant qu'il leur plaira, sans que cette heureuse République soit forcée de prendre part à leurs querelles. Elle aurait même des griefs à élever contre le gouvernement Français que ces nuages n'auraient rien d'alarmant pour les intérêts privés qu'il est de la politique du gouvernement Haïtien de toujours ménager. C'est à des particuliers que ce Gouvernement emprunte ; ce n'est pas au Gouvernement Français ; et une infraction aux promesses qu'il fait aux particuliers compromettrait sa cause plus qu'elle ne la servirait. Tout ce qui pourrait arriver de pire, c'est que le commerce d'Haïti se continuât par des neutres, et que les valeurs destinées à l'accomplissement de ses obligations arrivassent à Anvers ou à Hambourg, au lieu d'arriver au Hâvre ou à Bordeaux. Le service des intérêts et du remboursement annuel n'en aurait pas moins lieu à Paris.

Encore quelques mots sur la forme qui a été préférée pour traiter de cet emprunt.

Plusieurs financiers habiles auraient voulu que le Gouvernement d'Haïti empruntât de suite et tout à-la-fois, les cent cinquante millions de l'indemnité promise aux anciens Colons. Cinq emprunts successifs, disent-ils, ne sauraient se négocier aussi avantageusement qu'un seul égal à la valeur des cinq autres ; par la raison que la Compagnie, qui se charge de ce premier emprunt, doit craindre que les emprunts subséquens ne se fassent en baisse.

On peut leur répondre que lorsqu'une compagnie, ou une maison, se trouve chargée d'une somme considérable d'obligations, elle a aussi moins de chances de les placer avantageusement que lorsqu'elle en a d'une moindre somme. Les placemens des particuliers qui, en définitive, font le succès des emprunts, ne se présentent pas tous à-la-fois ; et de même que les emprunts auront lieu successivement pendant cinq ans, les capitaux à placer se présenteront successivement d'année en année ; et en résultat, l'affaire d'Haïti ne leur présentera, de toutes manières, qu'un placement de cent cinquante millions en tout.

On ne pouvait prendre un autre parti sans compromettre visiblement les intérêts du Gouvernement d'Haïti, qui est plein de loyauté, et ne demande qu'à se livrer avec confiance, mais qui veut qu'on la mérite. Il ne doit l'indemnité que par cinquièmes, d'année en année : qu'aurait-il fait de 15o millions qui lui seraient rentrés tout à-la-fois? La caisse des dépôts et des consignations aurait sans doute consenti à les recevoir ; mais elle n'aurait payé que 3 pour cent au Gouvernement d'Haïti, tandis que celui-ci, durant le cours des cinq années, aurait été obligé de payer aux prêteurs un intérêt indubitablement supérieur.

Mais, ajoutent les Capitalistes, nous sommes retenus par la crainte que les obligations qui seront restées en nos mains, ne soient dépréciées par celles que l'on mettra en vente l'année prochaine.—Font-ils bien attention à la modicité de la somme qu'ils auront à replacer dans le cours de l'année? Dix-huit cent mille francs de rentes, pas davantage! Les Commissaires Haïtiens se proposent même de demander à leur Gouvernement l'autorisation de stipuler pour l'année prochaine que la Compagnie qui aura traité cette année, ait droit à la préférence pour traiter l'année prochaine, pourvu qu'elle consente au taux offert par une autre compagnie. Si, comme tout porte à le croire, cette autorisation est accordée, la Compagnie qui traitera cette année, pourra différer l'année prochaine de mettre ses valeurs en vente, et par-là pourra en soutenir le prix.

Il faut considérer que le Gouvernement d'Haïti n'est point obligé, comme plusieurs des nouvelles républiques, d'emprunter chaque année, pour payer les intérêts des emprunts précédens ; et qu'une fois qu'il se sera procuré les 150 millions de l'indemnité, il ne sera plus dans le cas de mettre de nouvelles valeurs sur les marchés de l'Europe, puisqu'il épargne toutes les années, et qu'après qu'il aura rempli les engagemens qu'il contracte aujourd'hui, il aura les moyens d'épargner plus aisément qu'auparavant.

Il convient de remarquer en même temps que le Gouvernement aurait pu faire, sans emprunter, le paiement du premier terme de l'indemnité, et que ne l'ayant pas fait, il n'est point à la merci des prêteurs pour l'année prochaine. S'il ne rencontrait que des propositions trop désavantageuses, il n'emprunterait pas, et remettrait en argent, ou en denrées, la valeur du second paiement à faire aux colons dépossédés. Quoi de plus propre à soutenir le prix de ses engagemens?

Les mêmes personnes ont blâmé le mode de la publicité et de la concurrence adopté pour l'emprunt actuel. Elles paraissent craindre que ce mode ne jette l'emprunt dans des mains peu capables de le soutenir, et d'attendre qu'il ait atteint sa valeur véritable. « Ce
» qui fonde, prétend-on, le crédit d'une nation qui
» débute dans la carrière des emprunts, est moins le
» taux élevé auquel s'adjuge son premier emprunt, que
» la manière habile dont il est manœuvré par-la mai-
» son qui l'a contracté. Avec la concurrence, un étour-
» di peut soumissionner à un prix qu'il est hors d'état
» de soutenir. »

En tenant ce langage, on oublie encore la modicité de la somme qu'on emprunte. Beaucoup de maisons dans Paris sont en état, sans beaucoup d'habileté ni de manœuvres, de faire l'avance de cette somme, sans avoir recours aux reventes forcées; et, encore une fois, quand un emprunt se présente avec tous les caractères de la bonne-foi, et des ressources de la part de l'emprunteur, la revente n'en est pas difficile; tandis qu'on a vu tomber dans le discrédit des emprunts manœuvrés par des financiers qui pouvaient prétendre à être comptés parmi les plus puissans et les plus habiles de l'Europe.

Pour évaluer le taux auquel se fera l'emprunt d'Haïti, quelques personnes croient devoir prendre pour base, le prix auquel ont été négociés les emprunts des nouveaux états indépendans de l'Amérique. Il y a certainement analogie de position; mais avec un peu d'attention, on verra que celle de la République d'Haïti est beaucoup plus avantageuse que celle d'aucun des nouveaux états. D'abord, celui-ci est le plus anciennement constitué, ce qui déjà est un gage de stabilité. En second lieu, sa situation insulaire, en lui interdisant toute guerre d'ambition et lui ôtant toute crainte d'attaque de la part de ses voisins, lui permet de se passer d'une armée permanente, et prépare le passage du Gouvernement militaire au Gouvernement civil. N'oublions pas enfin, et c'est là un de ses plus précieux avantages, que la recognition solennelle faite par l'ancienne Métropole, est pour Haïti un gage assuré de tranquillité et de bonheur; parce que la France est maintenant intéressée à favoriser, par tous les moyens possibles, une prospérité qui va désormais faire partie de la sienne.

En résumé, s'il est démontré qu'il y a, de la part de la République d'Haïti, bonne-foi dans ses engagemens, facilité et avantage à les accomplir; que ces engagemens sont à l'abri d'un changement de chef à Haïti, des variations de Ministère en France, et même des événemens d'une guerre maritime, entre nous et quelque puissance que ce soit; les hommes qui ne consultent que leurs lumières et leur bon sens, demeureront sans doute convaincus que peu de fonds publics dans le monde méritent plus de confiance que celui d'Haïti.

www.ingramcontent.com/pod-product-compliance
Ingram Content Group UK Ltd.
Pitfield, Milton Keynes, MK11 3LW, UK
UKHW021640090726
13657UKWH00004B/1665